CES COQUINS

D'AGENTS DE CHANGE

PAR

EDMOND ABOUT

CES COQUINS

D'AGENTS DE CHANGE

PAR

EDMOND ABOUT

PARIS
E. DENTU, LIBRAIRE-ÉDITEUR
PALAIS-ROYAL, 13 ET 17, GALERIE D'ORLÉANS

CES COQUINS

D'AGENTS DE CHANGE

I

J'ai lu dans un vieux dictionnaire français la définition suivante :

Coquin. — Homme qui ne craint pas de violer habituellement les lois de son pays.

Si les articles d'un dictionnaire étaient des articles de foi, les plus grands coquins de France seraient les agents de change de Paris. Il n'en est pas un seul qui ne viole au moins cinquante fois par jour ces lois augustes et sacrées que Mandrin, Cartouche et Lacenaire oubliaient tout au plus deux fois par semaine.

Mais s'il était démontré que nous avons dans le

Code des lois surannées, absurdes, monstrueuses ; si les magistrats eux-mêmes reconnaissaient quatre-vingt-dix-neuf fois sur cent que l'équité doit lier les mains à la justice ; si, en un mot, ces coquins étaient les plus honnêtes gens du monde, les plus utiles, les plus nécessaires à la prospérité publique, ne conviendrait-il pas de réformer la loi qu'ils violent habituellement et innocemment?

II

La fondation de leur Compagnie remonte à Philippe le Bel. C'est ce roi, dur au Pape, qui, le premier, s'occupa des agents de change. Après lui, Charles IX et Henri IV publièrent quelques règlements sur la matière, et il faut que ces princes aient trouvé la perfection du premier coup, car l'arrêté de prairial an X et le Code de commerce, dans les treize articles qu'il consacre aux agents de change, n'ont trouvé rien de mieux que de reproduire les anciens édits. Le seul changement qui se soit fait dans nos lois depuis l'an 1304, c'est qu'au lieu de se tenir sur le Grand-Pont, du côté de la Grève, entre la grande arche et l'église de Saint-Leufroy, les agents se réunissent sur la place de la Bourse, autour d'une corbeille, dans un temple corinthien où l'on entre pour vingt sous.

Peut-être cependant, avec un peu de réflexion, aurait-on trouvé à faire quelque chose de plus actuel. Car enfin, sous Philippe le Bel, sous Charles IX et même sous Henri IV, on ne connaissait ni le 3, ni le 4 1/2 pour 0/0, ni la Banque de France, ni les chemins de fer, ni le Crédit mobilier, ni les télégraphes électriques, ni l'emprunt ottoman ni rien de ce qui se fait aujourd'hui dans le temple corinthien qui paie tribut à M. Haussmann. La ville de Paris possédait huit agents de change et non soixante. On les appelait courtiers de change et de deniers.

Puisqu'ils ne faisaient pas de primes de deux sous et que M. Mirès n'était pas à Mazas, ils avaient dû chercher des occupations conformes aux mœurs de l'époque. Ils étaient chargés d'abord du change des deniers, ensuite de la vente « des draps de soye, laines, toiles, cuirs, vins, bleds, chevaux et tout autre bestial. » On voit qu'entre les agents de change de 1304 et les agents de change de 1861, il y a une nuance. On pourrait donc, sans trop d'absurdité, modifier les lois qui pèsent sur eux.

Depuis Philippe le Bel jusqu'à la révolution de 89, si les rois s'occupèrent des agents de change, ce fut surtout pour leur imposer de plus gros cautionnements. Les charges, qui s'élevèrent graduellement jusqu'au nombre de soixante, étaient héréditaires. Pour les remplir, il suffisait de n'être pas juif (1) et d'avoir *la finance.* Le ministère des agents consistait à certifier le change d'une ville à une autre, le cours des matières métalliques, la signature des souscripteurs de lettres de change, etc. La négociation des effets publics et des effets royaux, qui est aujourd'hui leur unique affaire, n'était alors qu'un accident.

Law est le premier qui ait fait fleurir cette branche de leur industrie. Encore voyons-nous par les édits sur la rue Quincampoix, qu'on n'allait pas chercher un agent de change lorsqu'on voulait vendre ou acheter dix actions de la Compagnie des Indes.

(1) Les agents de change en ont appelé.

III

La Révolution française supprima les offices des perruquiers-barbiers-baigneurs-étuvistes et ceux des agents de change (Loi du 17 mars 1791). Ces deux industries et beaucoup d'autres encore furent accessibles à tous les citoyens, moyennant patente. Le régime de la liberté illimitée amena de grands désordres, sinon dans les établissements de bains, du moins à la Bourse de Paris.

Il fallut que le Premier Consul rétablît la Compagnie des agents. Le régime des offices héréditaires était aboli ; la France avait obtenu le droit glorieux d'être gouvernée par des fonctionnaires. Napoléon nomma soixante fonctionnaires qui furent agents de change comme on était préfet, inspecteur des finances ou receveur particulier. La loi du 1er thermidor an IX, la loi de prairial an X, le Code de commerce de 1807 réorganisèrent l'institution, sans toutefois abroger les ordonnances de Philippe le Bel et consorts.

IV

Mais, en 1816, le gouvernement des Bourbons, qui avait besoin d'argent pour remplumer ses marquis, vint dire aux agents de change : « Permettez-moi d'augmenter votre cautionnement, et j'accorde à chacun de vous le droit de présenter son successeur. Une charge transmissible moyennant finance devient une véritable propriété : donc vous cesserez d'être fonctionnaires pour devenir propriétaires. » C'est la loi du 28 avril 1816 (1). Elle a modifié une fois de plus, et radicalement, le caractère des charges d'agents de change ; mais elle n'a pas effacé du Code les articles qui traitaient les agents comme de simples fonctionnaires. Les deux textes coexistent en 1861, et ils sont contradictoires. C'est qu'il est plus facile d'empiler les lois que de les concilier.

---

(1) *Loi du 2 avril.*

ART. 90. — Il sera fait par le gouvernement une nouvelle fixation des cautionnements des agents de change.

ART. 91. — ... Ils pourront présenter à l'agrément de S. M. des successeurs, pourvu qu'ils réunissent les qualités exigées par les lois.

V

Les fonctionnaires institués par Napoléon sous le nom d'agents de change, étaient chargés de vendre et d'acheter les titres de rente et autres valeurs mobilières pour le compte des particuliers : le tout au comptant ; car la loi n'admet pas la validité des marchés à terme et les assimile à des opérations de jeu. Il est interdit aux agents de vendre sans avoir les titres ou d'acheter sans avoir l'argent ; il leur est interdit d'ouvrir un compte courant à un client ; il leur est interdit de se rendre garants des opérations dont ils sont chargés ; il leur est interdit de spéculer pour leur propre compte.

Le Code de commerce, pour la moindre infraction aux lois susdites, prononce la destitution du fonctionnaire. Il fait plus : considérant que la destitution n'est qu'un châtiment administratif et qu'il faut infliger au coupable une peine réelle, il frappe l'agent de change d'une amende dont le maximum s'élève jusqu'à 3,000 francs.

Mais le législateur de l'Empire ne prévoyait pas

qu'en 1816 les charges d'agents de change deviendraient de véritables propriétés ; qu'elles vaudraient un million sous Charles X, sept ou huit cent mille francs sous Louis-Philippe, trois cent mille francs en 1848, deux millions en 1858 et 1859, dix-sept cent mille francs aujourd'hui. Il ne pouvait pas deviner qu'au prix énorme de l'office s'ajouterait encore un capital de cinq à six cent mille francs pour le cautionnement au Trésor, la réserve à la caisse commune de la Compagnie et le fonds de roulement. Lorsqu'il frappait de destitution un fonctionnaire imprudent, il ne songeait pas à spolier un propriétaire. Il ne soupçonnait pas qu'en vertu de la loi de 1807, les magistrats de 1860 pourraient prononcer une peine principale de 3,000 francs et une peine accessoire de 2,500,000 francs par la destitution de l'agent de change !

Ni Philippe le Bel, ni même le législateur de 1807 ne pouvaient deviner que les marchés à terme passeraient dans les mœurs de la nation et dans les nécessités de la finance ; que les marchés au comptant n'entreraient plus que pour un centième dans les opérations de l'agent de change ;

qu'on négocierait à la Bourse trois cent mille francs de rente à terme contre trois mille à peine au comptant ; que le *Moniteur* officiel de l'Empire français publierait tous les jours, à la barbe du vieux Code commercial, la cote des marchés à terme, et que l'État lui-même négocierait des emprunts payables par dixièmes, de mois en mois, véritables marchés à terme !

Quel n'eût pas été l'étonnement de Napoléon Ier si on lui avait dit : « Ces spéculations de Bourse que vous flétrissez, feront un jour la prospérité, la force et la grandeur de la France ! Elles donneront le branle aux capitaux les plus timides ; elles fourniront des milliards aux travaux de la paix et de la guerre ; elles mettront au jour la supériorité de la France sur toutes les nations de l'Europe, et si nous prenons jamais la revanche de vos malheurs, ce sera moins encore sur les champs de bataille que sur le tapis vert de la spéculation. » Le fait est que la Russie et l'Autriche ont été battues par nos emprunts autant que par nos généraux.

VI

Mais le Code de commerce est toujours là. Il tient bon, le Code de commerce !

Pendant la guerre d'Italie, le Gouvernement ouvrit un emprunt de 500 millions. La Compagnie des agents de change de Paris, en son nom et pour sa clientèle, souscrivit à elle seule 35 millions de rente, c'est-à-dire 10 millions de rente de plus que la totalité de l'emprunt demandé. Le fait avait une certaine importance. Il n'était pas besoin de prendre des lunettes pour y voir une preuve de confiance, sinon de dévouement.

Les plus augustes têtes de l'État se tournèrent avec amitié vers la Compagnie des agents de change. On la félicita de sa belle conduite ; peut-être même reçut-elle de haut lieu quelques remerciements. Mais un jeune substitut qui avait le zèle de la loi, dit à quelqu'un de ma connaissance : « Si j'étais procureur-général, je ferais destituer tous les agents de change, attendu que l'article 85 du Code de commerce leur défend de faire des opérations pour leur compte. »

Eh ! sans doute, l'article 85 le leur défend, comme l'article 86 leur défend de garantir l'exécution des marchés où ils s'entremettent, comme l'article 13 de la loi de prairial leur défend de vendre ou d'acheter sans avoir reçu les titres ou l'argent. Ils violent l'article 85, et l'article 86, et l'article 13 de la loi de l'an X, parce qu'il leur est impossible de faire autrement.

VII

Lorsqu'un agent de change voit tous ses clients à la hausse, lorsque le plus léger mouvement de panique peut les ruiner tous, et lui aussi, le sens commun, la prudence et cet instinct de conservation qui n'abandonne pas même les animaux, lui commandent de prendre une prime d'assurance contre la baisse : il opère pour son compte et se place sous le coup de l'article 85.

Qui pourrait blâmer le délit quotidien, permanent, régulier, qui se commet obstinément contre l'article 86 ? Oui, les agents de change garantissent l'exécution des marchés où ils s'entremettent. Si, par malheur pour eux, le perdant refuse de payer ses différences, ils paient. Outre les ressources personnelles de chaque agent, on a fait en commun, pour les cas imprévus, un fonds de réserve de 7,500,000 francs, affecté à cet objet. Ce n'est pas tout : ils se frappent eux-mêmes d'un impôt d'environ 10 millions par an, au profit de la caisse commune, afin que toutes les opérations soient garanties et que personne ne puisse être volé, excepté eux. Que deviendrait la sécurité des clients le jour où les agents de change reprendraient leur fonds de réserve et liquideraient la caisse commune par respect pour l'article 86 ?

VIII

Et que deviendrait le marché de Paris, si l'on se mettait à respecter l'article 13 de la loi de prairial ? Les ordres d'achat et de vente arrivent de la France et de l'étranger sur les ailes du télégraphe électrique. Il en vient de Lyon, de Marseille, de Vienne, de Londres, de Berlin. Faut-il ajourner l'exécution d'un ordre jusqu'à ce que l'argent ou les titres soient arrivés à Paris ? Nous ferions de belles affaires ! Mieux vaut encore violer la loi, en attendant qu'on la réforme.

IX

Les magistrats ferment les yeux. Ils savent que la législation commerciale est appropriée aux besoins de notre temps comme la police des coches aux chemins de fer. La tolérance éclairée du parquet semble dire aux agents de change : « Vous êtes, malheureusement pour vous, hors la loi. Nous n'essayerons pas de vous y faire rentrer : elle est trop étroite. Promenez-vous donc tout autour, et ne vous en écartez pas trop, si vous pouvez. »

Voilà qui est fort bien. Grâce à cette petite concession, la Compagnie peut vivre en paix avec l'État et lui rendre impunément les plus immenses services ; mais elle est livrée sans défense au premier escroc qui trouvera plaisant d'invoquer la loi contre elle. Un magistrat peut s'abstenir de poursuivre un honnête homme quand il n'y est sollicité que par un texte du Code; mais lorsqu'un tiers vient réclamer l'application de la loi, il n'y a plus à reculer, il faut sévir. L'indulgence en pareil cas deviendrait un déni de justice.

Et voici ce qui arrive.

Le premier fripon venu, pour peu qu'il ait de crédit, donne un ordre à son agent de change. Si l'affaire tourne mal, il dit à l'agent : « Vous allez payer mon créancier, parce que vous êtes assez naïf pour garantir les opérations. Quant à moi, je ne vous dois rien. J'invoque l'exception de jeu ; la loi ne reconnaît pas les marchés à terme : serviteur ! »

L'agent commence par payer. Il a tort. Il s'expose à la destitution et à l'amende : 2,503,000 fr.! Mais il paie. Il prend ensuite son débiteur au collet et le conduit devant les juges.

Le fripon se présente le front haut : « Messieurs, dit-il, j'ai fait vendre dix mille francs de rente, mais je n'avais pas le titre ; donc c'était un simple jeu. Or, les opérations de jeu ne sont pas reconnues par la loi ; donc je ne dois rien. »

Si j'étais tribunal, je répondrais à ce drôle :

« Tu as trompé l'agent de change en lui donnant à vendre ce que tu ne possédais pas : c'est un délit d'escroquerie prévu par la loi ; va coucher en prison ! »

Eh bien ! voici ce qui arrive en pareille occasion. Un agent de Paris, M. Bagieu, poursuit un individu qui lui devait 30,000 francs. L'autre oppose l'exception de jeu. Le tribunal déboute l'agent et le condamne à 10,000 francs d'amende et à quinze jours de prison pour s'être rendu complice d'une opération de jeu.

Un procès de ce genre est pendant au Havre.

X

Ce qui m'a toujours surpris, je l'avoue, c'est l'assimilation des créances d'agent de change aux créances de jeu. Quand un joueur perd et ne paie pas, son adversaire manque à gagner : en tous cas, il a le risque, puisqu'il devait avoir le profit. Mais ce n'est pas l'agent de change qui joue : il n'est pas l'adversaire du perdant, il n'est que l'intermédiaire. S'il achète 3,000 francs de rente pour un capital de 70,000 francs, il a droit à un courtage de 40 francs pour tout profit, que l'affaire soit bonne ou mauvaise. Moyennant ces 40 francs, qu'il n'a pas touchés, l'honneur le condamne à payer les dettes de son client, et la loi ne lui permet pas de le poursuivre. C'est merveilleux !

XI.

Nous avons parlé du Code de commerce ; mais nous n'avons encore rien dit du Code pénal. Cherchons le titre des *Banqueroutes et escroqueries*. Le voici. Arrivons au paragraphe 3 : *Contraventions aux règlements sur les maisons de jeu, les loteries et les maisons de prêt sur gage*. Nous y sommes. C'est bien ici que la loi a daigné faire un sort à ces coquins d'agents de change :

Art. 119. — Tous ceux... etc... seront punis d'un emprisonnement d'un mois au moins, d'un an au plus, et d'une amende de 500 francs à 10,000 fr. Les coupables pourront de plus être mis, par l'arrêt ou le jugement, sous la surveillance de la haute police pendant deux ans au moins et cinq ans au plus. »

Est-il possible qu'une loi si rigoureuse et si humiliante s'adresse aux coquins dont nous parlons ici ?

Oui, Monsieur, et non-seulement à eux, mais d'abord à vous-même, pour peu que vous ayez vendu 100 francs de rente fin courant ; auquel cas vous êtes le coupable : votre agent de change est le complice. Si la chose vous paraît invraisemblable, lisez l'article 421 ; il est formel :

« Art. 421. — Les paris qui auront été faits sur la hausse ou la baisse des effets publics, seront punis des peines portées par l'article 419. »

La disproportion de la peine avec le délit qu'elle prétend réprimer est évidente. On croit lire une loi de colère, et l'on ne se trompe qu'à moitié. Rappelez-vous la date de la promulgation : 1810 ! En ce temps-là, les politiques de la réaction commençaient à pressentir la chute de l'Empire. La guerre avec l'Autriche et la Prusse était terminée ; nos forces étaient engagées en Espagne ; la légitimité organisait sa coalisation contre l'Empereur et nous recrutait partout des ennemis. Les boursiers de Paris, patriotes plus que douteux, escomptaient déjà notre ruine. Malgré tous les efforts du gouvernement, les fonds baissaient avec une obstination agaçante. Le Trésor avait employé des sommes énormes à soutenir la rente et n'y avait point réussi. Le mauvais vouloir des spéculateurs à la baisse irritait profondément la nation et le législateur lui-même. C'est ce qui explique la rigueur des articles 419 et 421.

Telle était la préoccupation du législateur, que lorsqu'il voulut définir les paris de Bourse, il parla uniquement des paris à la baisse, les seuls qu'il eût à redouter. Lisez plutôt l'article 422, qui vient développer et interpréter l'article 421 :

« Sera réputé pari de ce genre, toute conven-
« tion de vendre ou de livrer des effets publics,
« qui ne seront pas prouvés par le vendeur avoir
« existé à sa disposition au temps de la convention
« ou avoir dû s'y trouver au temps de la livrai-
« son. »

Singulier effet d'une idée dominante! L'article 421 parle des paris qui auront été faits sur la hausse et la baisse; l'article 422 semble acquitter les spéculateurs de la hausse et faire tomber toute la rigueur de la loi sur la tête du baissier.

Il semble donc qu'en matière correctionelle l'interprétation n'étant pas permise, les paris à la baisse soient seuls coupables.

Dès que le client est coupable, son agent de change est complice; il a aidé et préparé la consommation du délit. Les 10,000 francs d'amende et les quinze jours de prison infligés à M. Bagieu sont une application de la loi. Le spéculateur est assimilé à un escroc ; l'agent de change à un recéleur.

XII

Depuis qu'il faut deux millions et demi pour constituer une charge d'agent, toutes les charges sont en commandite. Vous pensez bien qu'il n'y aurait pas un Français assez naïf pour se donner le tracas et la responsabilité des affaires, s'il possédait en propre deux millions et demi. On forme donc une société où chacun apporte une part qui varie entre trois et six cent mille francs. L'agent de change en titre remplit les fonctions de gérant. L'acte de société est soumis au ministre des finances, qui l'examine et l'approuve. On en publie un extrait dans le *Moniteur*.

Ce genre d'association n'étant pas interdit par le Code, a longtemps été toléré. Mais un beau jour il se produit une nouvelle théorie, et la jurisprudence déclare que les associations pour l'exploitation d'une charge d'agent de change sont nulles aux yeux de la loi. Qu'arrive-t-il ? Un homme s'est associé dans une charge en 1850, lorsqu'elle valait 400,000 fr. ; en six ans il a quintuplé son capital ; il a touché cinquante, soixante-dix pour cent de sa mise. En 1858 ou 1859, il a renouvelé sa société avec l'agent de change sur le pied de deux millions. En 1861 les charges ont baissé de 300,000 fr. : les affaires ne vont plus, les dividendes sont faibles. L'associé vient trouver l'agent de change et le somme de lui restituer sa mise sur le pied de deux millions, attendu que l'acte de société est nul ! Trois procès de ce genre sont pendants aujourd'hui devant le tribunal de première instance. Inutile de vous dire que si les affaires reprenaient, si les charges remontaient, les réclamants s'empresseraient de retirer leurs demandes et les agents seraient forcés de reprendre ces équitables associés.

XIII

Est-il bon qu'un agent de change puisse avoir des associés ?

La Cour de Paris, le 11 mai 1860, sous la présidence de M. Devienne, s'est prononcée pour la négative.

« Considérant, dit l'arrêt, que l'augmentation

« du prix des charges a été causée en partie par
« l'usage de les mettre en société ; que la néces-
« sité de réunir le capital d'acquisition sans avoir
« recours à des associés a pesé sur le prix lui-
« même... etc. »

Il ne m'appartient pas de réfuter un raisonnement émané de si haut. Je crois, au demeurant, qu'il se réfute tout seul.

Mais il est bien certain que la moralité des agents de change ne saurait être mieux garantie que par le principe de l'association. Un capitaliste isolé, sans surveillance, pressé de doubler sa fortune pour revendre la charge et mettre ses fonds en sûreté, pourra céder à certaines tentations et tromper la confiance des clients. Rien à craindre d'un agent de change incessamment contrôlé par ses co-propriétaires. S'il faisait tort de cinq centimes au public, un associé diligent viendrait lui dire à l'oreille : donnez-moi cent mille francs ou je vous dénonce ! Telle est la morale de notre temps.

Le prix élevé des charges, qui a été la cause et non l'effet de l'association, est une autre garantie pour le public. Lorsque le mouvement des affaires de Bourse eut quintuplé la valeur des charges dans un espace de quatre ans (elles avaient monté de 400,000 fr. à deux millions entre 1851 et 1855). Le ministre des finances, M. Magne, s'émut d'une hausse si rapide. Il adressa un rapport à l'Empereur en 1857, et demanda s'il ne conviendrait pas de ramener cette plus-value à des proportions modestes.

L'Empereur écrivit de sa main, en marge du rapport, une note qui peut se résumer ainsi : « Il serait à souhaiter que les charges valussent quatre millions : le public trouverait là une garantie de plus pour les fonds et les valeurs qu'il confie aux agents de change. Les intérêts particuliers remis aux mains de ces officiers ministériels sont d'une telle importance, que le cautionnement de 125,000 fr., exigé en 1816, serait ridicule aujourd'hui si le prix de la charge ne répondait du reste. »

En effet, soixante cautionnements de 125,000 fr. représentant un total de sept millions et demi, seraient une garantie dérisoire dans un temps où la Compagnie des agents de change, à chaque liquidation mensuelle, lève ou livre en moyenne pour cent millions de titres. Les 120 millions représentés par la valeur des soixante charges sont un gage solide, inaltérable, qu'on ne peut ni dénaturer, ni emporter en Amérique. Supposez qu'à la veille de la prochaine liquidation, ces soixante coquins, syndic en tête, prennent le bateau de New-York avec les cent millions que nous leur avons confiés : ils laisseront à Paris un gage de 120 millions représenté par leurs charges.

Et cependant la jurisprudence actuelle, dans le silence de la loi, prononce la nullité des associations !

XIV

La question des commis n'est guère plus résolue que celle des associés.

L'agent de change ou le courtier de commerce (la loi est une pour les deux) a t-il le droit de s'adjoindre un commis principal ? Lui est-il permis de se faire aider, représenter, sans encourir la destitution ?

Oui, répond le Conseil d'État en 1786, arrêt du 10 septembre.

Oui, dit d'arrêté du 27 prairial an X, art. 27 et 28.

« Art. 27. — Chaque agent pourra, dans le délai d'un mois, faire choix d'un commis principal...

« Art. 28. — Ces commis opéreront pour, au nom et sous la signature de l'agent de change. »

Oui, dit encore un arrêté ministériel rendu en décembre 1859.

— Non ! dit le Code de commerce.

« Art. 76. — Les agents de change ont *seuls* le droit de faire la négociation des effets publics et autres susceptibles d'être cotés... Ils ont *seuls* le droit d'en constater le cours. »

Ce mot *seuls*, que je souligne à dessein, est un mot à deux tranchants. Les agents de change l'opposent aux coulissiers. « Vous ne ferez pas d'affaires, leur disent-ils, car nous seuls avons le droit d'en faire. » Mais *seuls* en dit plus qu'il n'est gros. Un spéculateur de mauvaise foi peut dire à l'agent de change : « Je perds cinquante mille francs à la dernière liquidation, mais j'avais donné mes ordres à un simple commis qui n'a pas le droit d'acheter ni de vendre. C'est un droit qui n'appartient qu'à vous *seul*. »

Le raisonnement paraît absurde au premier

coup d'œil. Mais si je vous disais qu'en 1823 M. Longchamp fut destitué pour avoir contrevenu à l'article 76 du Code de commerce ! Il s'était fait assister par un commis principal, au lieu de travailler *seul*.

L'arrêté de décembre 1859 est intervenu depuis ce temps-là ; mais un arrêté n'est pas une loi. Qu'a répondu la Cour de Paris, dans l'affaire des associés, lorsqu'on invoquait une sorte de possession d'état résultant de l'autorisation du gouvernement ?

« Considérant que les tribunaux n'ont pas pour mission de soumettre la loi aux exigences des faits, mais au contraire de ramener les faits sous la volonté et l'exécution des lois ;

« Considérant que si la tolérance administrative et l'usage publiquement établi doivent être pris souvent en grave considération, *ils ne peuvent prescrire contre le droit*... etc.

C'est beau, le droit, mais il faut prendre soin de le définir. Rien n'est plus respectable, plus auguste, plus sacré que la loi. Mais l'obéissance hésite, le respect sourit, la religion s'ébranle en présence d'un amas de lois contradictoires.

XV

Le nom même de ces coquins d'agents de change est un non-sens aujourd'hui. Je ne parle pas du mot coquin, puisque nous l'avons justifié, mais du mot agent de change. Ils ont fait le change autrefois; ils ne le font plus; ils le dédaignent; ils l'abandonnent généreusement à l'industrie spéciale des courtiers de papier. Non que ce commerce soit plus ingrat qu'un autre. Je pourrais citer des maisons qui gagnent jusqu'à 150,000 francs par an à *faire le papier*; mais les soixante habitants de la corbeille ont si bien perdu de vue le point de départ de leur institution et le sens primitif de leur nom, qu'ils n'ont jamais songé à poursuivre les seuls agents qui fassent le change.

Ils ont fait un procès aux coulisiers qui braconnaient réellement sur leurs terres, et les coulissiers leur ont répondu par l'organe de M. Berryer : « De quoi vous plaignez-vous ? Nous ne faisons que les marchés à terme, qui vous sont interdits, et nous nous portons garants de nos opérations, ce qui vous est défendu. »

Le raisonnement est si juste et si frappant, que je me demande encore comment les agents de change ont pu gagner leur procès, dans l'état actuel de nos lois.

XVI

Le Code de commerce, lorsqu'il daigna consacrer treize articles à la Compagnie des agents de change, se doutait bien qu'il n'avait fait qu'ébaucher la matière. Aussi son article 90 est-il ainsi conçu :

« Il sera pourvu par des règlements d'administration publique à tout ce qui est relatif à la négociation et transmission de propriété des effets publics. »

Ce règlement, promis en 1807, nos agents de change sont encore à l'attendre. Ce n'est pas, comme bien vous pensez, faute de l'avoir demandé ; ce n'est pas non plus qu'on ait refusé de leur promettre. En 1843, M. Lacave-Laplagne, ministre des finances, a nommé une commission pour l'examen de la question. Cette commission a nommé une sous-commission, qui a déposé son rapport, et il n'a plus été question de la question.

La sous-commission était composée de MM. Laplagne-Barris, président à la Cour de Cassation, Devinck, Bailly, directeur de la dette publique, Courpon, syndic des agents, et Mollot, avocat.

Depuis 1851, tous les ministres des finances, MM. Fould, Baroche, Magne, Forcade de la Roquette ont promis de remettre à l'étude ce règlement tant désiré.

La magistrature française l'attend avec impatience. C'est une justice à rendre à nos tribunaux : ils craignent la responsabilité des actes arbitraires, et ils vont au devant des entraves de la loi.

L'arrêt de la Cour de Paris que j'ai déjà cité, cet arrêt qui fut rendu le 11 mai 1860, sous la présidence de M. Devienne et sur le réquisitoire de M. Chaix-d'Est-Ange, proclamait hautement:

« Qu'une réglementation en matière de sociétés d'agents de change, comme en plusieurs autres qui touchent au mouvement des valeurs mobilières, est chose désirable ;

« Que ce n'est pas au magistrat qu'il est possible d'y suppléer par l'admission d'usages contraires aux principes généraux de la législation ;

« Qu'il arriverait ainsi à remplacer le législateur et à mettre ses arbitraires appréciations à la place de la loi. »

Il y a un an que la Cour de Paris adressait au gouvernement cet appel si noble et si sincère. Cependant rien ne s'est fait. D'où vient l'opposition? Il n'y a pas d'opposition. Tout le monde est d'accord. On étudie de bonne foi, mais sans se presser, à la française. La question n'est pas neuve; il y a cinquante-quatre ans qu'on l'étudie un peu tous les jours, et l'étude pourrait en continuer jusqu'à l'heure du jugement dernier, si personne ne cassait les vitres.

XVII

Lorsque j'étais petit garçon, à la pension Jauffret, j'étais assis dans la salle d'étude à côté d'un carreau fêlé. C'était un mauvais voisinage, surtout en hiver. Le vent se faufilait par là en petites lames tranchantes pour me rougir le nez et me roidir les doigts. Je me plaignis deux ans aux divers maîtres d'études, qui me promirent tous de faire un rapport sur la question. Mais un beau matin de janvier, je perdis patience ; je lançai une grosse pierre dans mon carreau. On me tira les oreilles et l'on fit venir le vitrier.

FIN.

www.ingramcontent.com/pod-product-compliance
Lightning Source LLC
Chambersburg PA
CBHW060554050426
42451CB00011B/1907